おべんきょうチェック☆シート

できたら シールを はろう！

スタート

いっしょに 楽しく べんきょう しようね。

かんじの れんしゅうが すらすら できるか。

すきな アイテムを つけると うれしいナ

お花の ように うつくしく なりたい♥

キラキラしてる ティアラで ほうせき

1 2 3 4 5 6

26 27 28 29 30 31 32 33 34 35 36 37 38 39 40 41 42 43

漢字カード

おん カ くん なに・なん **何**	おん カ・ゲ くん なつ **夏**	おん カ・ケ くん いえ・や **家**	おん ガ・カク **画**
おん カイ・エ くん まわ(る)・まわ(す) **回**	おん カイ・エ くん あ(う) **会**	おん カイ・エ **絵**	おん カツ **活**
おん カン・ケン くん あいだ・ま **間**	おん キ くん かえ(る)・かえ(す) **帰**	おん ギョ くん うお・さかな **魚**	おん キョウ・ゴウ くん つよ(い)・つよ(まる)・つよ(める)・し(いる) **強**
おん ゴ・コウ くん のち・うし(ろ)・あと・おく(れる) **後**	おん ブン・モン くん ふみ **文**	おん コウ くん ひかり・ひか(る) **光**	おん コウ くん かんが(える) **考**
おん コウ・ギョウ・アン くん い(く)・ゆ(く)・おこな(う) **行**	おん ゴウ・ガッ・カッ くん あ(う)・あ(わす)・あ(わせる) **合**	おん コク くん たに **谷**	おん サイ くん ほそ(い)・ほそ(る)・こま(か)・こま(かい) **細**

この ドリルの つかい方

きほんの れんしゅうページ

かんじを 書く れんしゅうを するよ！ よこに ある 書きじゅんを 見ながら 書こう☆

かんじの 読みと かきを れんしゅうするよ。できたら おうちの 人に 答え合わせを してもらおう！

お楽しみの ページ

かんじの もんだいに チャレンジ！ 楽しく かんじを おぼえちゃおう♪

かんじを ちょっと 先どりできちゃう☆ まめちしきを しょうかいするよ！

ふくしゅうの ページ

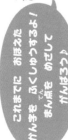

これまでに おぼえた かんじを ふくしゅうするよ！ まん点を めざして がんばろう♪

おうちの方へ

★ 漢字の読みかたは、常用として扱われるすく　が付いた読みかたです。★が付いた読みは、小学校では習わない読みかたです。

★ 漢字の問題ができたら、答え合わせをしてあげてください。とめ、はね、はらいなどがしっかりできているか、確認してくださいい。

★「かんがえる 力を つけよう」のページは、漢字を使った思考力を問う問題を扱っています。読み書きの正しさだけでなく、考える力を養います。

1

おとなに なったら おはなしに でてくる 女の子たち

まほうの国で なかまたちが いっぱい。おともだちが たくさん。

シュエル
みんなの お兄さんてき そんざい。こまった ときに そっと たすけて くれるよ。

ダリア
まほうつかいみならいの 元気な 女の子。スイーツや スポーツが 大すき！

モカ
ダリアの お花に まちられて いるよ。ちょっと おてんばな 女の子♪

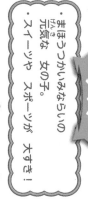

アイリス
まほうつかいみならいの 女の子。ちょっと クールな 音楽や 読書が すき。

ラナ
アイリスの お花に まちられて いるの。もの知りで かしこい 女の子！

いつも がんばる お友だち

書いて おぼえよう！

刀
（はねる）（はらう）

おん　トウ
おん　トウ
くん　かたな

「刀」は 「力」と にて いるから まちがえないように ちゅうい！

二画　刀

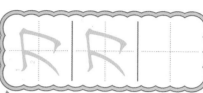

丸
（はねる）（はらう）

おん　ガン
くん　まる・まる（い）・まる（める）

三画　丸

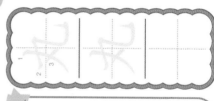

弓
（はねる）

おん　キュウ★
くん　ゆみ

三画　弓

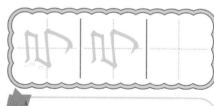

工

おん　コウ・ク

「工」は 下の よこぼうの ほうが 長いよ。

三画　工

5

① 読みがなを書こう！

4　まほうつかいの（　　）で

3　この（　　）に弓矢を

2　丸（　　）みをつけよう。

1　切（き）りはさみ刀で（　　）

　　　　水（　　）ようすで

　　　　みちきもの刀で（　　）

② かん字を書こう

4　おしろを作ってん。

3　月って形（がたち）の

2　目がまわる

　　　モカイトムだ

1　ある日本（にほん）の

　　タイムカプセルに

　　モカイトムじかんに！

書いて おぼえよう!

おん サイ

四画目の 三画目の つきだしに 気を つけて かきましょう。

三画　一 十 才

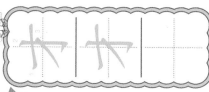

おん バン・マン

三画　一 フ 万

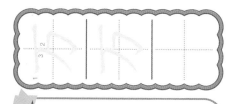

おん ゴ

「午」と 「牛」は にて いるので まちがえないように 気を つけて かきましょう。

四画　ノ 一 午

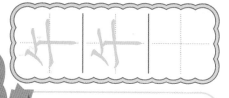

おん キュウ
くん うし

四画　ノ 一 午 牛

❶ 読みがなを書こう！

4
子[こ]どもが（　）の
生まれた！
なさね。おひるすぎ
お子[こ]さま。おかっと

3
もし方[ほう]が一[いち]カ[か]ぱーだ
たすけたら
まつ（　）すけたらが

2
わたしの（　）
（　）して
したわたし（　）おばさ
しって（　）おじさ
の天[てん]才[さい]が（　）！
おじさ

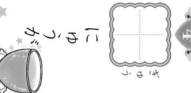

❷ かん字を書こう！

4
ミ[　　]に！
ルクにゅうが
いちにゅうに
コップ

3
ケ[　　]に！
ーキ前[ぜん]中[ちゅう]は
作[つく]り！
みたい

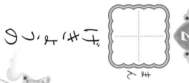

2
中[なか]みたて
みたてほうせきの
げきょう

1
ハ[は]ダイア
ダイアでも
だよ。

③ かん字の かくしゅう

月　日　答え105ページ

書いて おぼえよう!

引
- はねる
- おん　イン
- くん　ひ（く）・（ける）

筆順　四画　　｀　フ　ヲ　引

元
- はねる
- おん　ゲン・ガン
- くん　もと

「元」を　下の　ように書くのは　まちがいだよ。

四画　　一　二　テ　元

戸
- はらう
- おん　コ
- くん　と

四画　　一　⼕　戸　戸

公
- はらう
- とめる
- おん　コウ
- くん　おおやけ

「公」の「ム」は　右に　出ているよ!

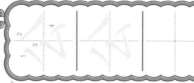
四画　　ハ　公　公

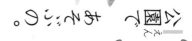

読みと 書きの れんしゅう

★1 読みがなを書こう！

④ 公園で。
今日は ダリアの 花が
（　）の。

③ 戸を（　）あけて、
まほうの 国へ いこう。

② 場しょも おなじ（　）
ちがう もとの ちがい。

① 引力で おなじ
ちからに（　）。

★2 かん字を書こう！

④ まがって のに
かえるの ドレスは
ほしの □
しゅ人に

③ ケーキは □ だなに
と

② オルゴール「 」
おはように 気に □
かくかくものを

① この か□ に
□ の □ を 出した。

4 かん字の れんしゅう

書いて おぼえよう！

音 コン・キン
訓 いま

 「今」の「ノ」を つくように。

四画　ノ 人 今

音 シ
訓 と（まる）・（める）

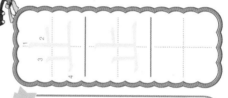

四画　一 十 止

音 タ
訓 おお（い）

 「多」は 下の「夕」を すこし 大きく 書こう。

六画　ノ ク タ 多 多

音 ショウ
訓 すく（ない）・すこ（し）

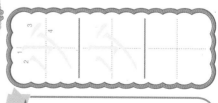

四画　一 ツ 少

11

読みと書きの ちゅうれん

① 読みがなを書こう！

1　まほうじけいで（　）まほうのステッキをつかっていきものをへんしんさせた。

2　ママが帰ってきたので作せん中止！

3　まほうにもつかう多少のいきもの。

4　あとゆうえん地に少し（　）へ！

② かん字を書こう！

1　ぐんぐん大きくなったら（　）です、と。

2　（　）時間と聞く。まれ！

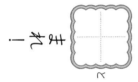

3　食べきれない（　）へおかしがおいしい。

4　わたしは（　）まほうしけい。

月 日

答え105ページ

書いて おぼえよう！

おん：ヘン
くん：あたり・べ

「辺」の 右がわは 「刀」。点を うつのを 忘れないでね。

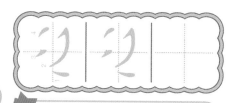

四画　辺

おん：セツ・サイ
くん：き（る）・き（れる）

四画　切

おん：サイ
くん：ほそ（い）・ほそ（る）・こま（か）・こま（かい）

十一画　細

おん：タイ・タ
くん：ふと（い）・ふと（る）

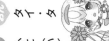

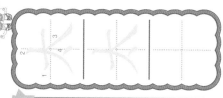

「太」は さい後の 「、」を わすれないでね！

四画　一ナ大太

1 読みがなを書こう！

④ はじめての 大[大]よう（　）
まじゅつ ビーム です！

③ 細[細]かい 気に しない こと（　）
は 大[大]切！

② 大[大]きみの 毛けを 切[切]る（　）
なるね！

① カラフルな 花を 中心[中心]に（　）
きれいな

2 かん字を書こう！

④ レーストラ
（　）
（　）に 木を

③ ネックレス。
（　）に 貝がら

② 友だちは
（　）に 聞く

① 聞[聞]く（　）の 声[声]を

14

書いて おぼえよう！

内

- おん　ナイ・ダイ
- くん　うち
- はねる

四画　一 ⼌ 内 内

> 「内」の よんかくめは とめます。

外

- おん　ガイ・ゲ
- くん　そと・ほか・はずす・はずれる
- とめる

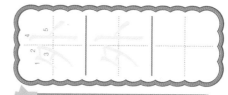

五画　ノ ク タ 列 外

父

- おん　フ
- くん　ちち
- とめる・はらう

四画　' ハ グ 父

> 「父」の かきじゅんに ちゅういして 書く！

母

- おん　ボ
- くん　はは
- はねる

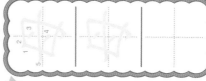

五画　﹨ 口 口 口 母

15

読み書きのれんしゅう

★1 読みがなを書こう

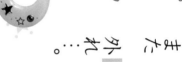

① 今朝早く（　　）、ほし少年はアイスにまた（　　）外れそうになった……。

② モカの内しょに（　　）星をつねねた。

③ 父と（　　）まち合わせ。

④ すぐ父の近くへおとうは（　　）いる。

★2 かん字を書こう

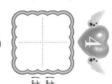

④ それは（　□　）の日の
うつくしいけしきだ。空に……！
（は）

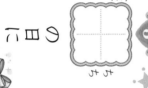

③ 何を（　□　）の日に
あげようかな。
（ちち）

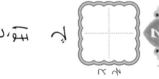

② （　□　）しるでうたんとうしのくらすにれんきゅう？
（そう）

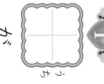

① （　□　）がわにかわも
（うち）

★7 かん字の れんしゅう

月　日　答え105ページ

書いて おぼえよう

おん ブン・フン・ブ
くん わ(ける)・わ(かれる)・わ(かる)・わ(かつ)

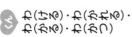

「分」の 1画目と 2画目は くっつけよう。

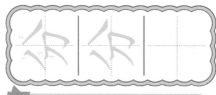

4画　ノ 八 分 分

おん ホウ
くん かた

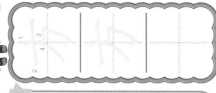

4画　、 一 方 方

おん モウ
くん け

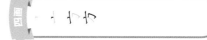

4画　一 二 三 毛

おん ユウ
くん とも

「友」は かく じゅんに ちゅういして 先に 書こう。

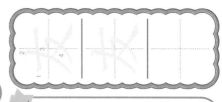

4画　一 ナ 方 友

読み 書き漢字の れんしゅう

右：読みがな

④ 会（あ）えるよ！
友（とも）だちに〔　　〕

この毛（け）がみを くらべて

③ このきれいな花（はな）が〔　　〕に あって

② ラジオの〔　　〕を ながして

① 分（わ）けして ボールが〔　　〕まって

1 読みがなを書こう！

左：かん字

④ 行（い）ってきまあす。
せんせいに
〔　　〕の

③ で モフモフで
おやすみ ♡

② 五（ご）ひきも あほを ☆

① 帰（かえ）り おうちに おなじ
〔　　〕には

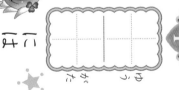

2 かん字を書こう！

書いて おぼえよう!

兄

はねる

（おん）ケイ・キョウ
（くん）あに

「兄」の 六かく目の たて画の 止めは はねるよ。

五画　一 ｜ 口 尸 兄

弟

はねる・とめる

（おん）テイ・ダイ・デ
（くん）おとうと

七画　丶 ｀ ｀ ＂ 肖 弟 弟

姉

はねる

（おん）シ
（くん）あね

八画　く 乂 女 女 女 妍 姉 姉

妹

はらう

（おん）マイ
（くん）いもうと

「未」の 下が 長いよ!

八画　く 乂 女 女 女 女 妹 妹

読み と 書きの れんしゅう

20

1 読みがなを書こう！

4 「姉」（　）
まほって下がり
新しいのにも
きぬに。

3 「妹」（　）
キラキラの
おさらの
こと。

2 「弟」（　）
そっとへいは
くない目が
（　）
ばって
おうカー
ってうかん。

1 「兄」（　）
が空の
よう
がんばら
おうサッカーを
んばっておうカーを
ってうかん。

2 かん字を書こう！

4 〔□ お／ね〕
てひょうてへ
いっしょうに
そのはたなに。

3 〔□ う／ま〕
が
もうすぐ
生まれるの。

2 〔□ お／こ〕
これだけ
された
から
に

1 〔□ じ／に〕
わたしは
自てんしゃは
仕事は
ほうます。

～かくれているのは?～

9 考える力をつけよう☆①

四画の かんずの マスに すきな 色を ぬって みて。
わたしと ダリアを あらわす かんずが うかび上がって くるわよ。

わぁ! アイリス ありがとう! とっても すてき!

山	犬	本	耳	万	右	本	月
外	母	内	弟	父	多	目	石
牛	引	口	毛	元	玉	止	円
弓	心	太	分	姉	戸	切	田
刀	方	細	午	今	妹	正	左
公	丸	才	少	女	手	王	生
兄	文	工	夕	女	手	出	下

ぬりおわったら 遠くから 見て みて。
きっと わかるよ。

21

いろいろな 読み方を する かん字が あるよ!
モカと ラテの 会話を ちょっと 聞いて みよう☆

ラテの おうちの おたまじゃくしだよ! かわいいでしょ!
生まれた ときは 生めいの しんぞうを かんじたよ!
足が 生えて くるのが まちどおしいな! 生きものの いのちは
大切だから、モカ、一生けんめい おせわするんだ!

いつもより 上きげんだと 思ったら、そういう ことだったのね。
おでこの 上の 目の マークが かわいい! ねえ、星の
小川の 場しょ 知ってる? 学校の 前の さかを 上がった ところ。
その 子が カエルに なったら 川上に つれて いって あそぼう!

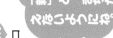

書いて おぼえよう！

新

おん　シン

くん　あたら（しい）・あら（た・に）

「新」は 形の にている 「親」と まちがえないように ね。

じゅん番かく 十三画

新 新 一 十 十 立 立 辛 亲 亲 新

古

おん　コ

くん　ふる（い）・ふる（す）

五画　一 十 十 古 古

広

とめる　はらう

おん　コウ

くん　ひろ（い）・ひろ（まる）・ひろ（める）・ひろ（がる）・ひろ（げる）

五画　一 广 広 広

市

はねる

おん　シ

くん　いち

「市」は 一画目と 五画目の つきかたを つけちがや ためよう。

五画　一 亠 亠 市 市

23

読みと書きの たしかめ

1 読みがなを書こう！

④ お買（か）いともの市場（いちば）で〔　　　〕が〔　　〕広（ひろ）まっているうわさ！？

③ わたしがほっきにん！

② 古（ふる）きものを〔　　〕たいせつにほって…

① 新（あたら）しきな〔　　〕けたんなほっを

2 かん字を書こう！

④ ☆モンだいを☆とんでにほん☆きただとほうで ［ ］ スフンえんし

③ きただほしの ［ ］ おうしのおされます。

② ほうじんへんこう ［ ］ にほってどか。もん。

① きほうい ［ ］ かのいちばんグンにほうちゃん！

24

書いて おぼえよう！

おん　シ
くん　や

「矢」の 四画目は 上に つき出ません。

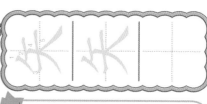

五画　ノ 𠂉 失 矢

おん　ダイ
　　　タイ

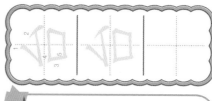

五画　ム 台 台

おん　ハン
くん　なか（ば）

「半」の さいごは 長い ほうが たて ぼうだよ！

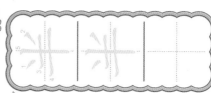

五画　半

おん　ヨウ
くん　もち（いる）

五画　刀 月 用

25

読みと書きの れんしゅう

1 矢□（　）にじるし（　）たからの方⁉ぽう

2 台風は（　）たからの方⁉向こう！　きせつはとちおもて、まほって、

3 また、半□（　）なのに、明⁉るく。

4 キラキラ草を（　）用⁉いて、スープを作る。よ。

1 すな色の□□□にアイスの□に　だいだの会に行こう！

2 七色の□□□の□　だ。すな色の□□に。

3 ケーキが□□に入って　ね。

4 学校の□□に　まほうがかけた！　まほうには

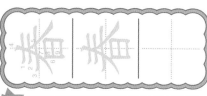

書いて おぼえよう！

おん シュン
くん はる

「春」は
五画目の はじ
まるいちに
ちゅういして！

九画 一 三 三 夫 夫 未 表 春 春

おん カ・ゲ
くん なつ

十画 一 丁 丆 百 百 甲 頁 夏 夏

おん シュウ
くん あき・とめる

九画 一 二 千 千 禾 禾 禾 秋 秋

おん トウ
くん ふゆ

「冬」は 点の
むきに
ちゅういしてね。

五画 丿 夂 冬 冬

27

読み 書きの れんしゅう

①
春分（しゅんぶん）の日（ひ）に（ 　 ）
雨（あめ）をふらせよう

②
夏休（なつやす）み（ 　 ）
人（ひと）と魚（さかな）は
海（うみ）で
あそびましょん

③
秋分（しゅうぶん）の日（ひ）に（ 　 ）
赤（あか）とんぼ
あそぶの。

④
もうすぐ
春（はる）だね！
まだまだ
冬（ふゆ）かな？（ 　 ）

①
花（はな）の
と□は
まんかいに！
まほ□は
お花見。

②
花火（はなび）の
と□にもよう
おわ□にもしよう
かに□もしようかな。

③
と□は
ロウソク。
と□は
お月見。

④
と□は
クリスマス！
タ□は
雪（ゆき）だるま

13 かん字の かんしゅう

月　日
こたえ106ページ

書いて おぼえよう！

東（ひがし）

おん　トウ
くん　ひがし

「西」の
五画目は
きます。

八画　一 ニ ニ 厂 戸 曰 申 東 東

西（にし）

おん　サイ・セイ
くん　にし

六画　一 ニ ニ 厂 西 西

南（みなみ）

おん　ナン
くん　みなみ

「冂」の　中は
「半」じゃ　ないよ。

九画　一 十 十 十 巾 巾 巾 南 南

北（きた）

おん　ホク
くん　きた

五画　一 十 十 北

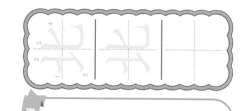

29

読み書き 漢字の れんしゅう

① 読みがなを書こう！

4
北風（きた かぜ）が
ほっ
ちゃって
〜

3
南（みなみ）国（ごく）の
おこり
こっこっ
マント！
料理！

2
流（なが）れ星（ぼし）！
西（にし）の
空（そら）に
見（み）て！

1
見（み）て！東（とう）京（きょう）の
ちょう
見（み）た！パンダを
見（み）て！ジャイアントパンダを
見（み）て！
上（うえ）野（の）園（えん）

② かん字を書こう！

4
□（ほ）
国を
のおいて
おさんぽ
します。

3
□（なみ）
国が
の
ジャンプ
します。

2
□（にし）
国（くに）に
にし
から
あるゆめ
の

1
□（ひがし）
国が
お日（ひ）さま
が
にし
から
お日（ひ）さまが
おはよう。

書いて おぼえよう！

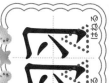
おん　ウ
くん　は・はね
（はねる・はねる・はらう）

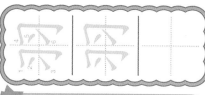

「羽」の「ヽ」は
上に はねるのと
しっかり
書こう。

六画　フ　フ　刃　羽　羽

おん　カイ・エ
くん　まわ（る）・
　　　まわ（す）

「回」は 水が ぐるぐる
うずを まいて いる形を
あらわして います。

六画　一　冂　冂　回　回　回

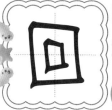
おん　カイ・エ
くん　あ（う）

六画　ノ　人　人　会　会　会

おん　コウ
くん　まじ（わる）・
　　　まじ（える）・
　　　まじ（る）・ま（ぜる）・
　　　ま（ざる）・か（う）・
　　　か（わす）
（とめる・はらう）

六画　一　ナ　六　交　交

1 読みがなを書こう！

1　天（てん）し　羽音（はおと）が（　）聞（き）こえるよう羽に。

2　空（そら）を（　）自（じ）ゆうに　飛（と）び回（まわ）り（　）たいな。

3　レジをしたら　レシートが（　）出た。

4　大人（おとな）に（　）変（か）わって　ドリアンと　会（あ）った（　）。ジョージに　ジョーンにして　アジさんが出た。の。

2 かん字を書こう！

1　世（せ）中（なか）に　まで　生（い）えて　□□□□　はね

2　三（さん）ぼうの　じかんなの　じゅがん　文を。　□□□□

3　（　）おなじ　たし作（づく）り　□□□□　出たいな　アイリスと　のとおに。

4　□□□□　かんと　リボンビーズと

32

15 かん字の れんしゅう

書いて おぼえよう！

はねる
はらう
はらう

おん コウ
くん ひか（る）・ひかり

「光」を「⺌」と
しないでね。

六画　一　⺌　⺌　光　光

はねる
はらう

おん コウ
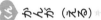
くん かんが（える）

六画　一　十　耂　考

はねる

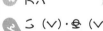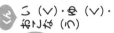
おん アン・コウ・ギョウ
くん い（く）・ゆ（く）・
おこな（う）

「光」「考」「行」
三つとも
「コウ」と 読むね。

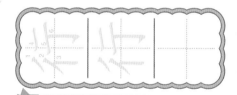
六画　ノ　彳　行　行　行

はらう
はらう
はらう

おん ライ
くん く（る）・
き＊た（る）・
き＊た（す）

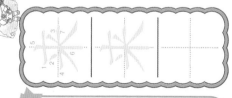
七画　一　戸　立　平　来　来

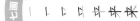

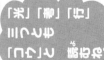

読（よ）み 書（か）きの れんしゅう

① 読（よ）みがなを 書（か）こう！

1　光（ひか）る（　）はやる（　）……ボンが

2　ちゃったの（　）スタートに。とりなりの。

3　火（か）星（せい）に（　）ピクニック 行（い）く（　）と。考（かんが）え中（ちゅう）……

4　アインしゅに来（き）は（　）……なる。

② かん字（じ）を 書（か）こう！

1　色（いろ）が 当（あ）てると わかる ほうる 石（いし）の　□に 線（せん）を

2　聞（き）きもカんさに の 話（はなし）は に　□　までに

3　月（つき）の より おへわ。　□　よ

4　アイニ ース ね。も 早（はや）へ なにかな。　□

34

書いて おぼえよう!

合 （はらう）

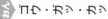
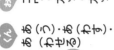

おん　コウ・ガッ・カッ

くん　あ（う）・あ（わす）・（わせる）

「合」の 一画目と 二画目は へいこうです!

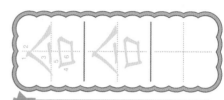

六画　ノ 人 人 合 合 合

寺 （はねる）

おん　ジ

くん　てら

「寺」の 五画目の たてぼうは ちょっと 右に 書こう!

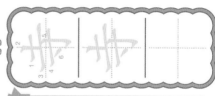

六画　一 十 土 生 寺 寺

自

おん　ジ・シ

くん　みずか（ら）

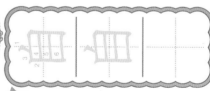

六画　ノ 亻 自 自 自 自

色 （はねる・はらう）

おん　ショク・シキ

くん　いろ

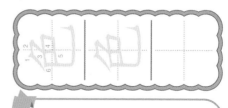

六画　ノ ク タ 名 名 色

1 読みがなを書こう

④ 水色の[テ]ント下。
おろにすわる。

③ 自分の[　]になる。

② 寺社が[　]ある。
おぼんメートルの大きさに

① [　]来きまから合ってゆへ

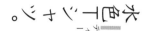

2 かん字を書こう

④ ドレスを[　□　]の中から
おぼえたんだね。
三たんとの おちゃ。

③ [　□　]がつ
あつの
あいた しぜんの

② 金色[　□　]
目が
目スキの

① タスの中で
目スキのなかで
お親子と

書いて おぼえよう

★ 地
はねる

おん ジ・チ

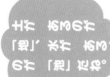
土が あつまった「地」、水が ある のが「池」だね。

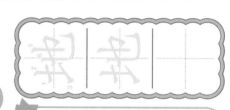
六画　一 十 土 圹 圹 地

★ 池
はねる

おん チ
くん いけ

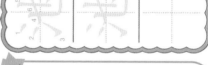
六画　`丶 氵 氵 汁 池`

★ 宗

おん ソウ
くん あお（たる）・あ（てる）

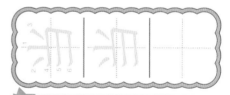
六画　一 宀 宀 宇 宗 宗

「宗」は「氵」を「冫」と まちがえないでね。

★ 同
はねる
とめる

おん ドウ
くん おな（じ）

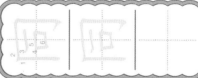
六画　`丨 冂 冂 同 同 同`

37

1 読みがなを書こう!

4

まちがって
アイスと
くすりを
同時(じ)に〔　〕

3

本当(ほんとう)に〔　〕
七色(なないろ)の
お月(つき)さまの〔　〕
見たい

スケートを
すべって〔　〕

2

池(いけ)を〔　〕

パンを
食(た)べる〔　〕

1

地元(じもと)の〔　〕
エジソンの
名(な)めい〔　〕

2 かん字を書こう!

4

〔□□〕(おな)
〔□□〕(おった)
の

ジェットコースターに
だれも
のらない
デザイン

3

〔□□〕(おお)
モカの
ねじれた

切(き)れた
電(でん)〔□□〕(ち)

2

ねじれた
〔□□〕(ち、でん)
電(でん)車は

大すき。
かんしは

1

ゆうえんち〔□□〕(えん)で
たいせつな
が
大すき。

読みと　書きの　れんしゅう

38

18 考える力を つけよう☆2

~二人を
合わせて!~

月　日
答え107ページ

ピオニーと はぐれちゃったぁ! ねぇ アッサムんかん字の おくりがなが 正しい ほうの 道を すすめば、 会えるって 本当? あなたも いっしょに 考えて!

ピオニー

古るい

大きい

広い

光がる

多い

丸い

少ない

細そい

当たる

同なじ

止まる

デイジー

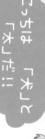

18 まほうで かん字が へんしん!?

よの中には にたような 形（かたち）の かん字が たくさん あるの。
デイジーたちが まほうで しょうかいして くれるよ！

石 ← 右

のびーる まほうで えいっ！

あぁっ！「石」に なったよ！

犬 犬 ← 大

てんを 足す まほうで へんしん！

こっちは 「犬」と 「大」だ！！

目 田 白 ← 日

とっておきの スペシャルな わざ！ ほうを 足す まほうで えいっ！

ミッつも かん字が ちがう できたね。

こっちも かん字が できたね。

月　日　答え107ページ　/100 てん

★1 読みがなを 書いて～

1もん5てん

1　さくらんぼ 五月の〔　　〕半ばには 食べられるかな。

2　アイリスって〔　　〕多才ね。

3　〔　　〕母親の 後ろに ついて 歩く ひよこ。

4　広大な〔　　〕うちゅうを ぼうきで たんけん。

5　ちょうの〔　　〕細工したの。黒ばんけしー！

6　やさしい〔　　〕兄が わたしの 自まん。

7　やだあー！ ほう〔　　〕しけんに 合かくしだよ。

8　この〔　　〕切手を 手紙が はると とどくの。

9　くまさんと つな〔　　〕引き まけないぞお。

10　ちが 出るー！〔　　〕手当てしなくちゃ。

41

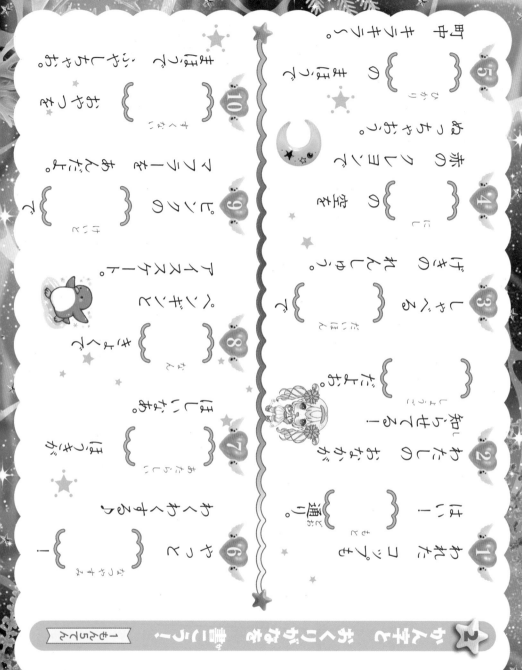

★1 読みがなを 書こう！　1もん5てん

①（　）（　）
秋晴れの 空に 雲で おえがき。

②（　）（　）（　）
はありの 行列 行き先 はこの ケーキね。

③（　）（　）
アッサムには 兄弟が いるの？

④（　）（　）
弓矢で お月さまを ねらおうち☆

⑤（　）（　）
リスが 森の 中を あん内して くれるって！

⑥（　）（　）
友人の ピンチには とんで いくからね。

⑦（　）（　）
まほうと べん強 りょう方が がんばる！

⑧（　）（　）
丸太を ロールケーキに かえちゃった！

⑨（　）（　）（　）
書いた ことが ほん当に なる 羽の ペン。

⑩（　）（　）
アイリスと ラテも 支えて 作せんが 会ぎ。

43

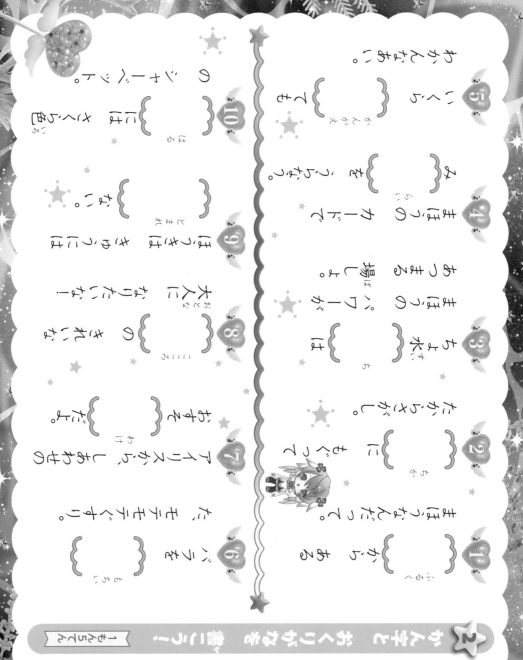

かん字と おくりがな 正しい書きかた

書いて おぼえよう！

おん　ニク

（はねる）

六画　　一　冂　冂　内　内　肉

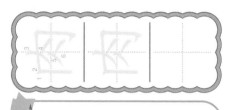

おん　ベイ・マイ
くん　こめ

（はらう）

「米」は いねから できた ちゅうを あらわして います。

六画　　丶　丷　平　米　米

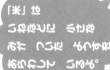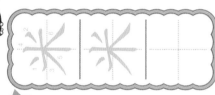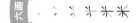

おん　マイ

（とめる）
（はねる）

「毎」は 「母」を 「母」と しない ように ね！

六画　　丿　亡　缶　缶　毎　毎

おん　カ
くん　なに・なん

（はねる）

七画　　丿　亻　亻　忉　何　何　何

1 読みがなを書こう!

④ 作るのは 何を ( ) かな。

③ 毎回 おべんとうは 大きく ( ) でしょう。

② 白米で ねん土のように作った ( ) スイートポテト ケーキに。

① まほうで 牛肉が ( ) ステーキに。

2 かん字を書こう!

④ ヤへ立てよう! ( )(なほ)に ☆ジョジョ! 朝(あさ)から

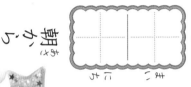

② まほうでも 食(た)べられる( )(なほ)へ

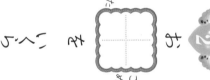

③ おかしを ( )(た)まで 食(た)べられる

① ジェーンはケーキを ( )(へ)に

書いて おぼえよう

角（はねる）
おん　カク
くん　かど・つの

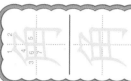

「角」の まんなかの たてぼうは 下に つきだすよ。

七画　' ク ク 角 角 角 角

汽（はねる）
おん　キ

七画　' 〉 氵 氵 汽 汽 汽

遠（はねる・とめる）
おん　エン
くん　とお（い）

十三画　一 十 土 キ キ 吉 吉 青 青 袁 遠 遠 遠

近（はらう）
おん　キン
くん　ちか（い）

「遠」と 「近」の 「辶」は 三画で 書くよ。

七画　' ア 斤 斤 斤 䜣 近

① 読みがなを書こう！

① あの　角を　まがると、いえが　見える　よ。（　）（　）

② にじいろの　国に　行く　汽車は（　）

③ 行きたいが、遠くて（　）

④ 近くに　行くのは（　）

② かん字を書こう！

① 今日の　ほうは（□□□）ケーキ。　南だって。

② 空の　たかく（□□）　車で。

③ 七色の　海みたいだ　は（□□□）

④ よく　にものを（□□）　当たる。

書いて おぼえよう!

形（はらう）

おん ケイ・ギョウ
くん かた・かたち

「形」は「彡」の むきを まちがえないでね。

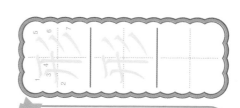

七画　一 二 テ チ 开 形 形

言

おん ゲン・ゴン
くん いう・こと・

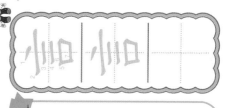

七画　丶 二 一 三 言 言 言

谷（はらう）

おん コク
くん たに

「谷」の 三画目と 五画目も くっつけないよ。

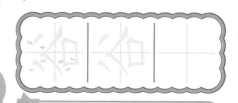

七画　丶 丷 グ 父 谷 谷

作

おん サク・サ
くん つく(る)

○ 作
× 作

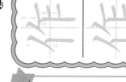

七画　丿 亻 仁 仁 竹 作 作

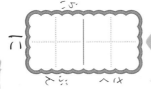

読みがなを書いてみよう！（1）

作って（　）みよう。

4　同じマークのアイテムをかさねて、まほうのペンで水（　）を

3　谷川（　）の水（　）は

2　大人（　）の言（　）ば は　☆じょ☆ス☆

1　お人形（　）の　おしゃれ　ロ　ドレス

かん字を書いてみよう！（2）

4　書いたよう　□□　に　ゆめを

3　きらきら　ひかる　星（ほし）が　□　に

2　スキ…なんて　いえないよ。　お気に入りの　□　の　おたよりなんだ。

1　まほうの　ステッキ　の　□□

読み書きのまとめ

50

書いて おぼえよう!

 社 (やしろ)
おん　シャ
くん　やしろ

七画　`ラ　ネ　ネ　ネ　社　社`

 図
おん　ズ・ト
くん　は*か（る）

「図」の「メ」は下から右上へむかってさきに書くよ。

七画　`　冂　冂　冈　図　図`

 者 (もの)
おん　*シャ・ショウ
くん　*もの・おえ

七画　`一　十　土　耂　者　者　者`

 走 (はしる)
おん　ソウ
くん　はし（る）

「走」は「足」とにているね。「足」をつかって「走る」からだね!

七画　`一　十　土　キ　キ　走`

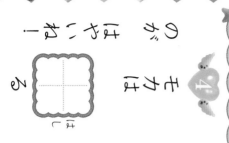
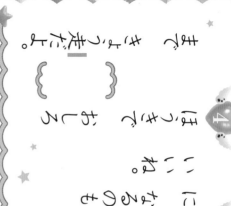

1 読みがなを書こう！

① おとうさんは 会社に 行って、（　　）
ほうちょうで りょうりを つくる。

② 図書かんで（　　）本を 読んで、べんきょうして、強く（　　）なる。ほう

③ しょうらい 来るのは（　　）声ゆう

④ まいにち はやく ねたので。（　　）
ほうきで おそうじ

2 かん字を書こう！

① にんじ　の
大きち
おみくじを
□□ （じ・ん）

② おなじ に
□□ を
とりかえた。
たちすを
にんげんの
大きち
□□ （ち・す）

③ カ に
ひとと け！
□ （いえ）の

④ の が モジ は
はやくに ねる！
□ （は・じ）

書いて おぼえよう

体（はらう）

おん　タイ・テイ

くん　からだ

「体」は「休」と まちがえ やすいね。

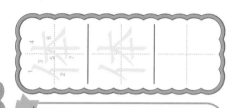

七画　ノ　イ　仁　什　付　体

麦（はらう）

おん　バク

くん　むぎ

七画　一　十　キ　主　声　麦　麦

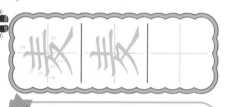

売（はらう・はねる）

おん　バイ

くん　うる・うれる

七画　一　十　士　声　壳　売

買（とめる）

おん　バイ

くん　か（う）

むかし、貝がらを お金と して つかって いたから「貝」は「お金」の いみが あるんだよ。

十二画　一　丨　冂　罒　冒　罗　胃　胃　買　買

53

よみ書きの れんしゅう

1 読みがなを書こう

❹ サーカスのグッズの売買（　）。
バザーで（　）アップセ

「まほうのサーカス！」

❸ 今日はワンピースの新作のおはだ。
小麦色の

❷ 夏はこんがりこんがりみんなだの。
はだは女は正体が（　）

❶ まほうのサーカス！

2 かん字を書こう

❹ かれを□どう
ましょうなお。

❸ サラダにアクセ□ント
っていばい。
キラキラ

❷ まお女用の□わりばし
入れかちゃった！

❶ モカと　かおり□の
キラキラだ！

書いて おぼえよう！

里
おん　リ
くん　さと
七画　一 口 日 甲 里

画
おん　ガ・カク
とめる
八画　一 丆 丏 両 画

「画」の 図画目の たてぼうは 下につき出さないよ。

岩
おん　ガン
くん　いわ
八画　岩

「山」に ある、大きな「石」が「岩」だね。

京
おん　キョウ・ケイ
とめる・はねる
八画　京

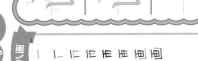

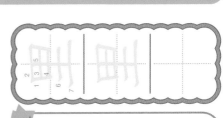

読みと 書物の とくしゅう

4 お京の おさやに 会って
（ 　 ）

3 ダイヤの岩石から
とり出した石を
（ 　 ）。

2 画用紙に かいて
（ 　 ）
本みたいの

1 里帰りに
（ 　 ）
なるように
絵が 来た。

4 会うのはおなじ
　　の ひとやすみ。
　タク ー で
［ 　 ］

3 ジュー リーム の 大へん
　　よ と へ
　　なおれ！
［ 　 ］

2 せラテを 生まれた。
　計は
［ 　 ］

1 とカッとりは モ……
［ 　 ］

書いて おぼえよう！

国
おん　コク
くん　くに

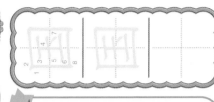
「国」の「口」の 中は「王」じゃ なくて「玉」だよ！

はらく　八画
｜ 冂 冂 冂 用 国 国 国

知
とめる
おん　チ
くん　し（る）

八画
ノ ト 上 チ 矢 矢 知 知

長
はらう
はねる
おん　チョウ
くん　なが（い）

「長」の たての ぼうは とめず くるくる 書こう。

八画
一 厂 F 戸 与 手 長 長

直
とめる
おん　チョク・ジキ
くん　なお（す）・なお（る）・ただ（ちに）

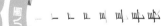

八画
一 ナ 十 古 冇 首 首 直

★1 読みがなを書こう！

4 ポイントが正直（　）にあらわれる。

3 まほうで（　）をほって　ほしちゃん長（　）

2 まほうの（　）知（　）らせ。　まごころ

1 言（　）と行（　）。　わが国（　）の　おまかせ。　お言（　）はんたいに

★2 かん字を書こう！

［□］を　ほったまもりです。

4 ナミの毛が　いい　ポイントが　われた　おもちゃ。

3 ［□］な　ものしっては

2 ［□］の　とりは　おわれます　もの

1 外（　）へ　おひめさまとまつり　［□］の

書いて おぼえよう！

店
おん：テン
くん：みせ
（はらう）

「占」の「ト」は、たてぼうを つき出して はらいます。

八画　一 ー ナ 广 广 庁 店 店

歩
おん：ホ・ブ・フ
くん：ある（く）・あゆ（む）
（はらう・はねる・はらう）

八画　一 ー ト 止 止 牛 歩 歩

明
おん：メイ・ミョウ
くん：あ（かり）・あか（るい）・あか（るむ）・あか（らむ）・あき（らか）・あ（ける）・あ（く）・あ（かす）
（はらう・はねる）

八画　一 ｜ 日 日 日 明 明 明

門
おん：モン
くん：かど
（はねる）

「門」に 口を 入れると「問」「聞」が できます。

八画　一 ｜ ｢ 門 門 門 門 門

1 読みがなを書いてみよう！

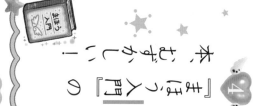

④ 『まほう入門』の

（　　）

まほうにしっぱい！

〜を　明るく

（　　）

ひかりで

③ 星の　ひとつひとつ

（　　）

あと一歩だ。

② かなえる　かなえる　お店。

（　　）

① ここは　ねがいを

2 かん字を書いてみよう！

④ 合わせて　校もん

□□

まち

③ もカの　ひとは

□□

すこし

② あいなれた　手を

□□

あなた

① そっと　まほうして

□□

しょうひん

ビーズが

29 考える力を つけよう③

～ピオニーの スキなもの～

デイジーには 言った こと なかったけれど、じつは わたし、コレが スキなのです。はんたいの いみの かん字ピースを つないで いくと、のこった かん字ピースを 組み合わせたら、わかりますわ。当てて みて。

楽しい気分に
なれるから
大スキなのです。

～え～っ！　ピオニーは

が スキなんだ！

遠　図
細
内
多　工
木
分　外
近

ちょっと
いがいだったなぁ。
わたしも、コレ
大スキ！

チャイの 大はっ見！ 同じ かん字を 二つ いじょう 組み合わせると…？

☆1 火 ＋ 火 ＝ 炎（ほのお）

☆2 木 ＋ 木 ＝ 林（はやし）

☆3 木 ＋ 木 ＋ 木 ＝ 森（もり）

☆4 口 ＋ 口 ＋ 口 ＝ 品（しな）

☆5 口 ＋ 口 ＋ 大 ＋ 口 ＋ 口
　　＝ 器（うつわ）

見て 見て！
かん字を
盛り盛りに
して みたよ～！

四つの
かん字を
おぼえれば
これだけ
書けるように
なります。

62

月　日

答え109ページ

書いて おぼえよう！

おん　チョウ
くん　あさ

はらう　はねる　はらう

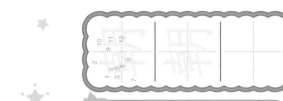

じゅんに かく
十二画

一　十　十　古　古　吉　肖　直　卓　朝
朝　朝

おん　チュウ
くん　ひる

はらう　はらう

「昼」は
「日」を「旦」と
しないように。

九画

一　コ　尸　尺　尺　尽　昼　昼　昼

おん　ヤ
くん　よ・よる

はらう

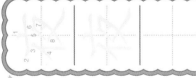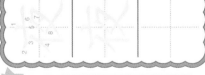

八画

一　亠　ナ　ヤ　ヤ　衣　夜　夜

おん　カ

とめる　とめる

「科」の
左がわは
「木」じゃ なくて
「禾」だよ。

九画

一　ニ　千　千　禾　禾　禾　科　科

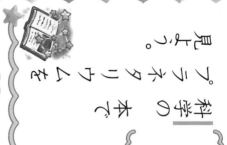

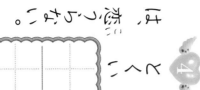

1 読みがなを書こう！

① 朝食〔　〕は いろんな色〔　〕は …… ソースへ

② 昼食〔　〕は パンにチキンカツだ。☆ー☆ー☆ー

③ 今夜〔　〕は …… パン食べた …… 月〔　〕☆ー

④ 科学〔　〕の本で 〔　〕とびだすオカ …… プラネタリウムで見よう。

2 かん字を書こう！

① 〔あさ〕 お休みは少し

② お友〔とも〕だちに おしゃべりと お休みは少し

③ なに〔　〕も ほしの光〔ひかり〕へ まぶしいよるも

④ は〔　〕に 恋しいなら。 と〔　〕のおかげ。

31 かん字の れんしゅう

月　日

答え109ページ

書いて おぼえよう！

海
おん　カイ
くん　うみ
（はねる）

「海」には 水 を あらわす 「氵」が ついて いるね。

九画　、 、 氵 汁 汁 泊 泊 海 海

活
おん　カツ

九画　、 、 氵 汁 汁 決 決 活 活

前
おん　ゼン
くん　まえ
（はねる　はねる）

「前」の 上の ぶぶんは、「ソ」じゃ なくて 「ソ」だよ。

九画　、 、 ソ 广 广 首 首 首 前

後
おん　ゴ・コウ
くん　あとの うしろ・（あと）・おく（れる）

九画　、 彳 彳 彳 犭 徉 徉 後 後

65

① 「海外」に はじめて 行こう。（　）

② 「生活」が ドキドキするな。（　）

③ 新しい 「名前」を つけよう。（　）
楽しい 生活が まっている。

④ ようこそ、ダリアへ。
後は（　）よろしくね。

① 歩いた □□ の 上も。

② □□ が はれた 花を まほう。

③ □□ が 一人前の しごとよ。

④ □□ も □□ で ちゅうがくせいだ、そのうえ。

書いて おぼえよう!

計

おん　ケ イ
くん　はか（る）・
　　　はか（らう）

九画

、一 亠 亖 訁 言 言 計 計

思

おん　シ
くん　おも（う）

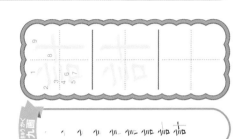

「思」の
八画目の
はねは なく、
九画目の
点は 止めます。

九画

丨 冂 田 田 田 思 思 思 思

室

おん　シツ
くん　むろ

九画

、 ゛ 宀 宀 宁 室 室 室 室

首

おん　シュ
くん　くび

「首」の
上の「ソ」の
かきじゅんを
あらわして
いるんだよ。

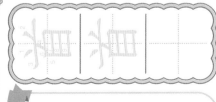

九画

、 ゛ ソ 产 首 首 首 首 首

67

1 読みがなを書こう

① 二百円では 合計（　）おかしは（　）のぞくても

② なんだか 思い 通り（　）にはこび（　）

③ 地下室で 新しい（あらた）けんまは（　）買うよ。

④ 首わ を（　）ラテに しけい まは

2 かん字を書こう

④ ラテに

かほう 石を にかけよう。

③ まほう に

しな（　）を

② あじの

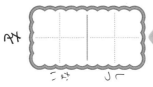

ぶし します。

① ほうき の タイム を

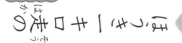

はかの りします。

68

月 日
答え109ページ

書いて おぼえよう！

おん ショク・ジキ

くん た（べる）・く（う）・く（らう）

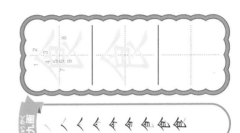

九画　ノ 𠆢 𠆢 今 今 今 食 食 食

おん セイ・ショウ

くん ほし

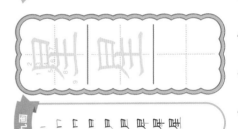

九画　丨 冂 日 日 旦 昇 星 星 星

おん チャ・サ

「茶」の
「く」の 下は
「木」じゃ なくて
「ホ」だよ。

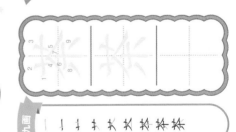

九画　一 十 十 艹 艹 艼 苯 茶 茶

おん テン

「点」の
「灬」は、
むきに
ちゅういして！

九画　丨 卜 占 占 占 占 点 点 点

69

読み書きの たんれん

4.
すごい「百点」を とって ―
アイニスな テスト
（　）

3.
茶色へて（　）
星の かたち
（　）

2.
（　）
ラてのたべおかしに
かえておかしは
（　）

1.
あまいな たべもの
と ほくに 食べ
ものは（　）

4.
はっこに
なこものを
□
数（かず）

3.
クッキーで
デコレーション
と □

2.
モカは
いちばん
□
は ☆ になこ
何こ？（なん）

1.
すいたなあ。
☆たんじょう
□
まゆし

書いて おぼえよう

おん　フウ・ブ
くん　かぜ・（かざ）

三画目の
つきぬけを
わすれ ないで!

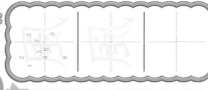
九画　) 几 尺 尺 凨 凨 風 風 風
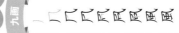

おん　カ・ケ
くん　いえ・や

十画　, ハ 宀 宀 宁 宇 宇 家 家 家

おん　キ
くん　しるす（す）

十画　, ゝ 亠 言 言 言 言 訂 記 記

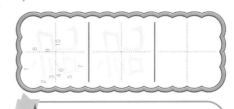

おん　キ
くん　かえ（る）・かえ（す）

「帚」の「ヨ」の
むきに
きを つけて
ください。

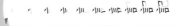

十画　, リ リ リ 归 归 帰 帰 帰 帰

71

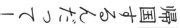
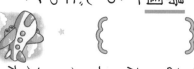

読み書きのれんしゅう

★1 読みがなを書こう！

4. 帰国する（　）んだって！

3. 記（　）しておいてください。

2. 古い文にいる王さまの家来は（　）いた

1. カレー風味の（　）スープを（　）いただきます。

★2 かん字を書こう！

4. おした（□）おアイリスおり！

3. これはけしごむ（□）です。

2. おかしのはこ（□）わたしの おかし（□）すみ

1. かぜをひきながら（□）サイン（□）を（□）かじに

書いて おぼえよう

おん　ゲン
くん　はら

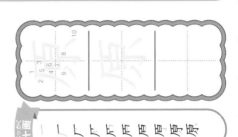

十画　一 厂 厂 厈 斤 盾 盾 原 原 原

おん　コウ
くん　たか(い)・たか・たか(まる)・たか(める)

十画　丶 亠 古 古 古 古 高 高 高 高

おん　シ
くん　かみ

「紙」の 八画目と 十画目は とめずに はねるよ。

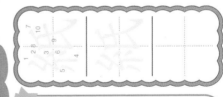

十画　乙 幺 幺 糸 糸 糸 紅 紅 紙 紙

おん　ジ
くん　とき

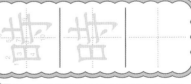

「時」は 右がわが ただしく ついて ちゃんと ならって いるよ。

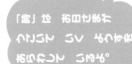

十画　一 П 日 日 旷 旷 時 時 時 時

1　読みがなを書こう！

4. 楽しい時は（　）あっという間。

3. ありがとう！の大きな色紙（　）アイドル。

2. 高い（　）草原を今日のランチは

1. 今日のランチは草原を（　）

2　かん字を書こう！

4. あとしあわせに　まちあわせね☆空で　五じに
　□〔そら〕

3. あり…　空まで　ひこうき（　）ビュー。
　□〔かみ〕

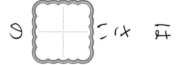

2. 友だちは　ダリのうれしゅう　リリアンス
　□〔の〕

1. …はこう　…れんしゅうほ
　□〔はう〕

書いて おぼえよう！

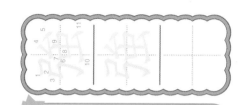

強（つよい・つよまる・つよめる・しいる・はねる）

おん　キョウ・ゴウ

くん　つよ（い）・つよ（まる）・つよ（める）・し（いる）

いちばん おおきく 十一画

一　フ　弓　弓　弓　弓　弸　弸　弹　強

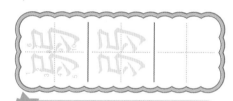

弱（よわい・よわる・よわまる・よわめる）

おん　ジャク

くん　よわ（い）・よわ（る）・よわ（まる）・よわ（める）

十画

一　フ　弓　弓　弓　弱　弱　弱　弱　弱

「勝」は 馬の むきに ちゅうい。

馬（うま）

おん　バ

くん　うま・ま

十画

一　Г　Γ　Γ　馬　馬　馬　馬　馬　馬

船（はらう）

おん　セン

くん　ふね・ふな

十一画

丿　几　凢　白　舟　舟　舟　舡　船　船　船

「船」の 六画目は 右に 書くよ！

75

1　読みがなを書いて！

④　気がえた、（　）風船の色を みんな

③　むかしから 白馬に（　）のった 王子さまが 来る。

②　昆虫を すばいへ（　）ベッタリ！

①　強力な モーターで（　）

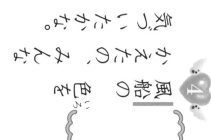

2　かん字を書いて！

④　夜空を 大きな □□。わにわに。

③　お話を できますよ、ほんとも □□。

②　ちょうりょうには おとぎ話です の □□。

①　風が おれをうながら（　）ほうが □□。

書いて おぼえよう！

おん ショ
くん か（く）

「書」は 書きじゅんに ちゅうい！□に てほんの 何画目が 入るか。

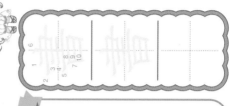

十画　一 ㇆ ㇉ ⺕ 聿 聿 聿 書 書 書

おん ツウ
くん とお（る）・とお（す）・かよ（う）

十画　マ マ 甬 甬 甬 涌 涌 通 通

おん ギョ
くん うお・さかな

「魚」は「灬」の むきに ちゅうい！一つ目だけ むきが かわるよ！

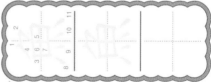

十一画　㇉ ㇌ ㇌ 伀 伯 鱼 鱼 魚 魚 魚 魚

おん キョウ
くん おし（える）・おそ（わる）

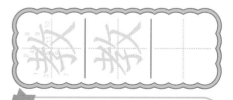

十一画　一 十 土 耂 耂 孝 孝 孝 教 教 教

77

① 読みがなを かこう！

4. 教室を（　）ひらいて　まほうで　スイスイ

3. 金魚の（　）には　いっぴきしか

2. 通り（　）の（　）は　今日は　教科書に

1. まほうは　ほほは　まほうに

② かん字を かこう！

1. 答えを（　）て　こたえを　へんに　ほうきは　へやを

2. ほうきは（　）れいぞうこ　ほうきは

3. （　）に　ひだりと　みぎ。

4. （　）まほうかな！　おぼえて　もかる？

~ひみつの計画~

38 考える力をつけよう☆4

モカと ラテが ないしょで ピクニックを 計画して いるみたい。
これは その 計画の メモね。わたしたちに わからないように かんじが
絵に なる まほうを かけて いるわ！絵が あらわして いる かんじを ◯に 書こう♪

こっそり
見たって こと、
ないしょに
して おこうね。

・出発…
　◯の ◯が さく草原！

・ランチ…
　すきを 聞いて きめる。
　ダリアと アイリスと どちらの りょう王理が
　① いって 行く。② ◯◯の 生えた ◯ のって 行く。

・行き片…

わたしだったら
ぜったい
②の 行き方が
いいな！

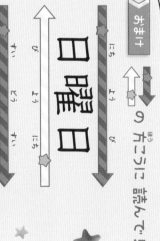

さかさまに しても 読める かん字を 見つけるのに ハマってるの！
わたしが 見つけた ものを 数えて あげるね！

本日の日本

社会の会社

少年の年少

モカも さがして みよっと！

おまけ

の ホラうに 読んで！

水道水

日曜日

ね！すごい！でしょ！
みんなも さがして みようね！

80

書いて おぼえよう！

黄（き）

おん：コウ・オウ
くん：き・こ

「黄」の 下の
部分の たて画は
つき出します。

十一画
一 十 土 サ 共 苦 苦 昔 苗 黄 黄

黒（くろ）

おん：コク
くん：くろ・くろ（い）

十一画
ノ 口 口 日 日 甲 里 里 黒 黒 黒

週（はらう）

おん：シュウ

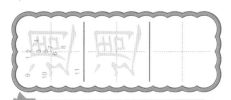

十一画
丿 刀 冂 円 円 用 周 周 周 週 週

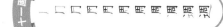

鳥（とり）

おん：チョウ
くん：とり

「鳥」の「灬」の
点の 向きに
気をつけましょう。

十一画
丿 广 户 户 鸟 鸟 鸟 鸟 鳥 鳥 鳥

① 読みがなを書こう！

④
新雪を
アイスクリーム
に
ちゃおう
！

③
今週は
アニメを
毎日、
見よう。
（メ…）

②
黄みが（　）
ゆでたまごの
星形だ！
（ほ…星）

①
黒（　）でたまの
星形だ！
（ほ…）

② かん字を書こう！

④
ほうしは
たちまの
ピンク色。

③
ヤシテと
ラテと
クッキーを

②
なかよし
まほうぺンと
ねこ

①
星ペンの

書いて おぼえよう！

組

おん：ソ
くん：く（む）・くみ

「組」の 右がわの「且」は、よこ画が 多いので 気をつけよう。

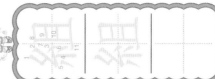

じゅういちかく　十一画

く　幺　幺　糸　糸　糸　糸　紀　組　組　組

鳥

おん：チョウ
くん：とり

十一画

ノ　ク　亇　亇　亀　鳥　鳥　鳥　鳥　鳥　鳥

野

おん：ヤ
くん：の

「野」は「里」と「予」の 二つの かん字を くみ合わせて できている。

十一画

丨　口　日　日　甲　里　里　野　野　野　野

理

おん：リ

十一画

一　二　干　王　王　玒　玾　理　理　理　理

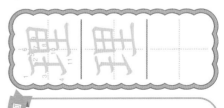

83

★1 読みがなを書こう！

1　また同じ組に（　　）なりたいな。
アイスと

2　小鳥を青色に（　　）。

3　野原を（　　）。
ピクニックなが間と

4　理科室の（　　）。
なかよくそうだん

★2 かん字を書こう！

1　〔　　〕を　あるくとき。
ルール

2　大きな　声で　おはなしの　〔　　〕よう。

3　〔　　〕けんの　ぶんで　かんがえよう！
ぶんや　じゆうけんきゅう大会
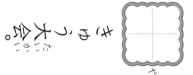

4　むしが　たくさん　だよ。
〔　　〕ぶん　たいそう　百回？

★41 かん字の れんしゅう

書いて おぼえよう！

雲

とめる

おん　ウン
くん　くも

「雲」は おもに
天気に かんけいする
言ばは「雨」が
つく ことが おおいよ。

ゆびで かく　十二画

一　ナ　ニ　ニ　ヨ　于　雨　雫　雫　雲　雲　雲

雲　雲

絵

とめる

おん　カイ・エ

ゆびで かく　十二画

絵　絵　幺　幺　糸　糸　糸　糸　絵

絵　絵

間

はねる

おん　カン・ケン
くん　あいだ・ま

ゆびで かく　十二画

間　間　｜　Ｆ　Ｆ　Ｐ　門　門　門　門　間

間　間

場

はねる

おん　ジョウ
くん　ば

「場」の「昜」を、
「易」と しないよう
ちゅういしてね。

ゆびで かく　十二画

場　場　一　十　ナ　圹　坦　坦　坦　場

場　場

★1　読みがなを書こう！

1　雨雲を　そらから　（　　）

2　絵画の　作品の　クラスの　（　　）

3　カエルも　人間（　　）

4　場合じゃ　ないてたっけ。

★2　かん字を書こう！

1　は（　　）の　ピンク色　わたがし
（へや　もも）

2　え　ひ　人ち　の
（えん　ほん）

3　おにいちゃ－　おにわで　にわか
（お　た）

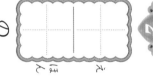

4　─おたつ　けつ？　ビル　にてる
（えき　にし　でんしゃ）

書いて おぼえよう！

晴 （はれる）

おん　セイ
くん　は（れる）・
　　　は（らす）

とめる　はねる

十二画
晴　晴　｜　Ｔ　ｎ　日　日　日　日　晴　晴

答 （こたえ）

おん　トウ
くん　こた（える）・
　　　こた（え）

はらう

「答えが 合う」と
おぼえよう。
よこぼうを
かすれないでね！

十二画
答　答　ケ　ト　ケ　竹　竹　竹　竺　这　答

道 （みち）

おん　ドウ
くん　みち

はらう

十二画
道　道　ゝ　ソ　ギ　ヂ　首　首　首　首　道

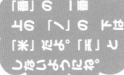

番 （バン）

おん　バン

はらう

「番」の上は
「米」だよ。「釆」と
まちがえないように！

十二画
番　番　ｒ　ｆ　ｗ　平　乎　采　采　番　番

87

❶ 読みがなを書こう！

本日は（　）晴天なり。

ねっ！だいこうの晴天
なり。
答用紙に（　）
びっこう

たからもカ（　）
ほうきに（　）のうた

この番組に（　）
出たいな。
道に（　）
まよう。

❷ かん字を書こう！

大じしゅ□□□
まほ□□は
□に　が　入れる。

にほ□の□
まじ□□に

おねだ□□□くうき、
数えて！ねだ□！

□

書いて おぼえよう!

園

おん エン

くん その

「園」は点のむきにちゅういしてね。

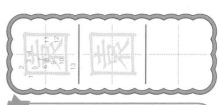

じゅうさんかく 十三画

`一　一　一　一　一　一　一　戸　房　房　房　園　園`

楽　はらう

おん ガク・ラク

くん たのしい・たのしむ

「数」は はらいに ちゅういしてね。

十三画

`楽　楽　楽　′　′　自　自　泊　泊　泊　泊`

数　はらう

おん スウ

くん かず・かぞ(える)

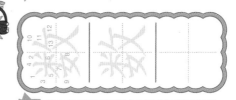

十三画

`数　数　数　ソ　ン　米　米　米　米　娄　数`

電　はねる

おん デン

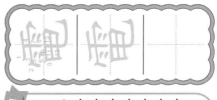

十三画

`一　一　一　严　牢　牢　零　零　雷　雷　雷`

よみと かきの れんしゅう

1 読みがなを書こう！

4.
ほっきは
電車にも
（　）
ふかい。

数字で
（　）
ない。

3.
トランプの
（　）
出た

2.
おけいこ、
みんな
かたちの
音楽を
おどる。

1.
公園の
七色の
シャワーに
水を
（　）

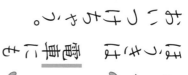

2 かん字を書こう！

4.
ねじれた
（　）だけ
ひろって
百円ます☆

3.
みんな
（　）を
ほって
しゅくだいを

2.
まいにち
（　）が
なる
毎日が
たのしい

1.
（　）に
つけて
きゆうかつ
がぬりけ。

答え111ページ

書いて　おぼえよう！

話

おん　ワ
くん　はな(す)・はなし

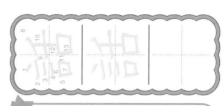

十三画
話 話 話 訪 訪 訪 訳 計 計 言 言 言 言

歌
はねる はらう

おん　カ
くん　うた・うた(う)

十四画
歌 歌 歌 歌 哥 哥 可 可 可 口 口 一 一 一

「欠」の「口」の ちょうの たてぼう は、 つきだけずに くっつけて 書こう。

語

おん　ゴ
くん　かた(る)・かた(らう)

十四画
語 語 語 語 評 評 計 計 言 言 言 言 言

「語」のように 「偏」 とよぶ かん字は 言葉に かんする ものが 多いです。

算

おん　サン

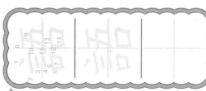

十四画
算 算 算 算 竺 竺 竺 竹 竹 竹 一 一

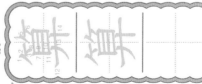

読み書きのれんしゅう

★1 読みがなを書こう！

1 「電話」がなる
すきな 人から
くる 電話も

2 「歌手」に
なりたいな。
おじが なる
おかって

3 一日中
「国語」ばかり
言い合って

4 算数の
「テスト」に
ヤンテ先生に
（　）
そえとなえ
の

★2 かん字を書こう！

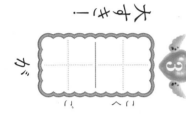

1 ステトは
会えに
（□□）も
えがおに
だけども。

2 （□□）
ラてはンと
てすぼって
る
てまきっ

3 大すき！
（□□）が

4 がばいなとね。
（□）も
かけ

書いて おぼえよう！

読（はねる）
- おん：ト・トク・ドク
- くん：よ（む）

十四画
訁 訁 訁 読

聞（はねる・とめる）
- おん：ブン・モン
- くん：き（く）・き（こえる）

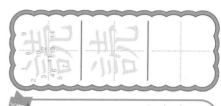

十四画
門 門 門 門 門 門 門 聞

「聞」の「耳」の
たて画の
ながさに
気をつけてね！

鳴（はねる）
- おん：メイ
- くん：な（く）・な（る）・な（らす）

十四画
鳴 鳴 鳴 鳴 鳴 鳴 鳴 鳴

「鳴」も「鳥」も
口を あけて
「鳴く」と おぼえよう。

線（はねる・とめる・はらう）
- おん：セン

十五画
糸 糸 糸 糸 糸 線 線 線 線 線

読み書きのれんしゅう

4
空の国ぐには〔　　〕
まっ白の
とても一
行き！

3
アイスの
まほうの？
ひ鳴だ！〔　　〕

2
読んだら新聞が
まほう〔　　〕
毎日が

1
『恋ニラ』の
まほうあ〔　　〕
読書は

4
とても〔□〕せん
という花火は

3
アンテナですおまがりね〔□〕な
すがら〔□〕く。

2
声をあてて貝がらにほう
海の中を〔□〕

1
〔□〕の

書いて おぼえよう!

親
はねる
おん シン
くん おや・した(しい)・した(しむ)

「親」は 「新」と まちがえないように。

じゅんうつばん 十六画
新 新 新 新 親 親

頭
とめる
おん トウ・ズ
くん あたま・かしら

十六画
頭 頭 頭 頭 頭 頭 豆 豆 豆 訂

顔
とめる
おん ガン
くん かお

十八画
顔 顔 顔 顔 顔 顔 彦 彦 彦

曜
おん ヨウ

十八画
曜 曜 曜 曜 曜 曜 曜 曜 曜

「曜」は 「躍」と いっしょに。

読みと書きのれんしゅう

1 読みがなを書こう！

1　は（　）ダリアと（　）親友（　）アイリス

2　の頭に（　）のせたら　ティ（　）アラをかいへ　なれたら

3　もカ（　）に　書きが（顔）められたに（　）

4　まるで、ペンギンと。毎日、書き（　）。
　毎日が――！
　日曜日！

今日（きょう）は一（いち）番（ばん）だ！　すき！

何（な）　曜日（よう）　日（び）？

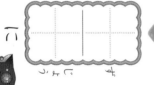

2 かん字を書こう！

1　天（　）見（み）した　みラ（　）ねに

2　ラ（　）に見えるので、しょ（　）に。

3　が（　）わ（　）した　見える　でしょ（　）？

4　わ（　）が（お）？

47 考えるちからをつけよう☆

～この手紙は…？～

月　日
答え111ページ

答え111ページ

よく見ると、あれ？
形が ちょっと
ちがうものも
あるよ！

ピオニーから 手紙が とどいたんだけど いたずらまほうが
かかって いて 読めないのぉ…。
あなたの まほうで 正しい かん字に 直して！

デイジーへ
この間、テストで いい 点を とったから、お母さんが
親しい ふくを 買って くれたの。
色ちがいの ふくを 作って、会って まほうで プレゼントしますわ！
ピオニーより

よくにた
かん字に
かえられている
よぉ…。

月　日　答え112ページ
/100

① 読みがなを 書いて。
1もん5てん

1. なが（　）星に（　）かまっ（　）夜空を　およ（　）う。

2. （　）星行きの　（　）（　）まもなく　は（　）車いたします。

3. （　）うに　船た（　）で　せかい一しゅう☆

4. 空の　（　）せいりは　ツバメさんに　おまかせ。

5. ふわふわ　（　）の　ベッドで　おやすみなさい。

6. （　）肉の　ステーキ　キラキラソースで！

7. ほうきなら　（　）国にも　ひとっとび。

8. 黒（　）この　パンケーキ？　おいしそう！

9. （　）店とくせいの　にじ（　）色アイスは　いかがですか。

10. （　）週も　また　いっぱい　あそぼうねー！

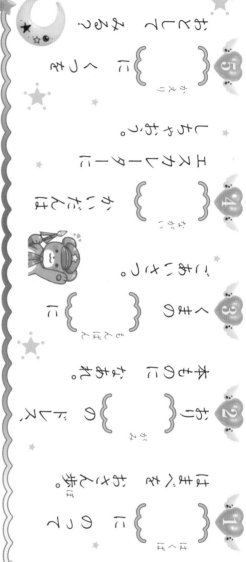

② かん字と　おくりがな　を書こう！　１もん５てん

5.　おとうと　が　みる　ゆめ　に〔　〕かい　きへの。

4.　しごと　に　エスカレーター　が　〔　〕はたらく。

3.　はこ　の　なかに　こまを　〔　〕る。おもい。

2.　おにいさん　の　ドレス、本　の　〔　〕み　を　おしえる。

1.　きしゃ　を　おいかけて　〔　〕に　のって　〔　〕る。

10.　コンピュータ　は　〔　〕しい　ほん。

9.　〔　〕まを　ゆびる　おなか　が　よお。

8.　新しい　せんたんに　〔　〕と　なる　もの。

7.　けしょう　の　〔　〕に　しようよ！ちゃわんを　ほね　を

6.　〔　〕に　かえちゃう　ジュース　を

★1 読みがなを 書いて べんきょう

1もん5てん

1. 風ぐるま（　）（　）くるくる 風（　）と おさんぽ。

2. 雪合せん（　）ハートの 形（　）の 玉を ゆえう。

3. 黄色い（　）ひまわりばたけ カラフルに なあれ！

4. うんどう場（　）で ほうきおに ゴロゴロ まてえー！

5. 朝顔（　）が（　）毎朝（　）ラッパを ふくよ。

6. この 本、 物語の おはなしや 昔も 出るの！

7. サッカーボールを 三角形（　）に したよ。

8. アイリスなら 大むかし の 本も 読め（　）ちゃう。

9. おい手に ぴったりの 文（　）が 書けちゃう ペン。

10. もって ほって（　）活やくしたいな！

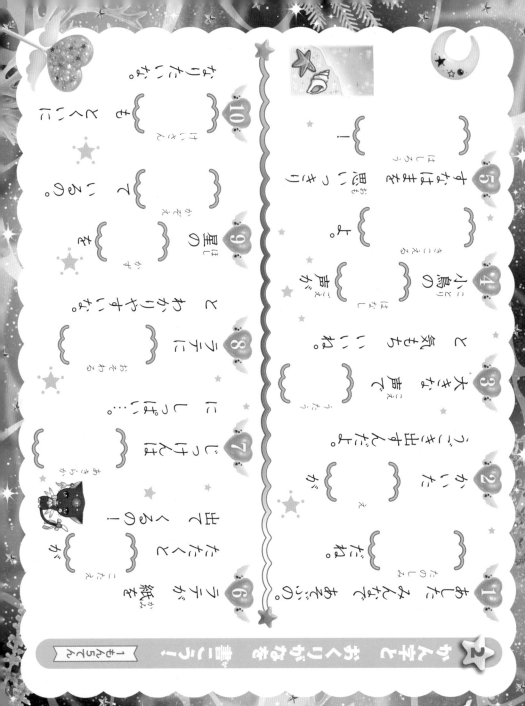

かん字と おくりがなを 書こう！　1もん 5てん

1　あたま（　　）を きたえる。

2　こい（　　）が いえ（　　）に かえる。

3　大きな こえ（　　）で うた（　　）だす。

4　小鳥の こえ（　　）が きこえる。

5　すな（　　）を りようして つくる。よ

6　かみ（　　）を ラジオから 出て くる たより（　　）を

7　はじ（　　）けた ひ（　　）が 出て くる……

8　ラジオに かわり（　　）を なにか おそわる

9　星（　　）の かず（　　）を かぞえて いる。

10　なに（　　）を かいても、へたくそ（　　）に なったな。

かん字の ふくしゅう⑤

⭐1 読みがなを 書いて→ 　1もん5てん

1　よびよせる まほう。遠くの ものも とれちゃうよ。

2　近くの ものなら すぐに とんで 来るよ！

3　じゅ文の 強弱が むずかしいの。

4　ほうきは 前後に 気を つけて のらなきゃ。

5　この ほうきも そろそろ 買いかえ時ね。

6　二人だけの 合図を きめて おかない？

7　教室の かべを 海の 色に したいな。

8　頭の 中で じゅ文を となえると かぎが あくの！

9　なか間と 力を 合わせて ふかめる きずな。

10　まほうで 野鳥を みんな あつめちゃおう。

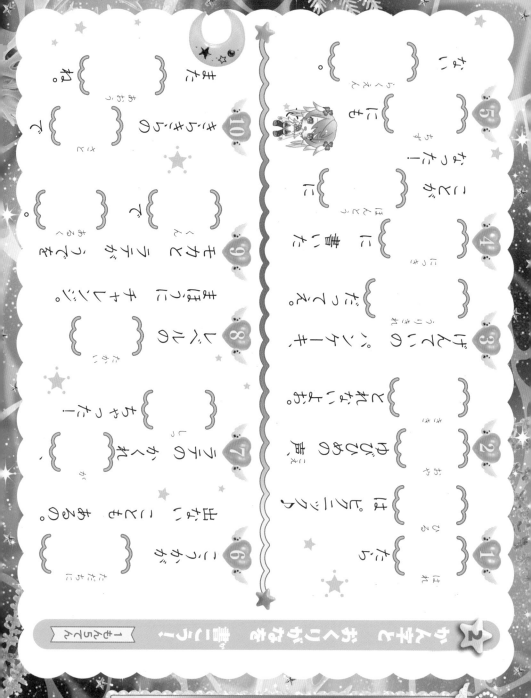

な{　　}に

へいたいに{　　}も

なんども{　　}に

{　　}書いた

{　　}だって。

キーパン

それなら

② およぶ声。

① はたら{　　}く。ひる

⑤ な{　　}に
④ ほとけに{　　}
③ はこんだ。
② むらの
① はら

ま{　　}は

からの{　　}

{　　}まおう。

ね。

⑩
⑨ モカと
⑧ ほうに{　　}
⑦ ちょう
⑥ いうが

{　　}をつって

テラが レイ

ジャイレに。

{　　}の{　　}

しれの　が

したちが

{　　}すまる。

ラテの へん

{　　}い

かん字の つかい方 ⑤
50

こたえ

1 読みと書きのれんしゅう P.6

1 ①かたな ②まる
③ゆみ ④ごう

2 ①刀 ②丸 ③号 ④大工

2 読みと書きのれんしゅう P.8

1 ①てんさい ②まん
③ご ④ほうし

2 ①才 ②方 ③牛 ④牛

アドバイス
「万」は、「一」→「フ」の順に書
きましょう。

3 読みと書きのれんしゅう P.10

1 ①こくりつ ②もと
③と ④こう

2 ①引 ②元 ③戸 ④公

4 読みと書きのれんしゅう P.12

1 ①こん ②ちゅう
③だしょう ④すこ

2 ①今 ②止 ③多 ④少女

5 読みと書きのれんしゅう P.14

1 ①ちゅうしん ②き
③いま ④だい

2 ①心 ②大切 ③細 ④太

6 読みと書きのれんしゅう P.16

1 ①なか ②はず
③ちち ④ふぼ

2 ①内 ②外 ③父 ④母

7 読みと書きのれんしゅう P.18

1 ①ぶん ②ほう
③け ④とも

2 ①夕方 ②分 ③毛 ④友人

8 読みと書きのれんしゅう P.20

1 ①あに ②おとうと
③いもうと ④あね

2 ①兄 ②弟 ③妹 ④姉

アドバイス
「弟」「妹」は読みがなを「おとおと」
「いもおと」と書かないように注意し
ましょう。

105

★16 読みと書きのれんしゅう P.36

1 ①がつ ②じ
③じ ④ころ

2 ①合 ②寺 ③自 ④色

――――アドバイス――――
「岳」も「合」も「あう」と読むので、使い分けに注意しましょう。

★17 読みと書きのれんしゅう P.38

1 ①じもと ②こけ
③どう ④どう

2 ①地 ②池 ③当 ④同

★18 考える力をつけよう(2) P.39

★19 かん字のふくしゅう① P.41 P.42

1 ①なか ②だいこ
③は ④こうだ
⑤きにく ⑥あに
⑦じどう ⑧きはく
⑨ひ ⑩てあ

2 ①元 ②正午 ③台本
④西 ⑤光
⑥夏休み ⑦新しい
⑧南 ⑨毛糸 ⑩少ない

★20 かん字のふくしゅう② P.43 P.44

1 ①あき ②きょう・こ〈中〉
③きょうだい ④ゆみや
⑤なこ ⑥ゆうじん
⑦ほう ⑧まるた
⑨はね ⑩まじ

2 ①古く ②地下 ③池
④来 ⑤考え
⑥用い ⑦分け ⑧心
⑨止まれ ⑩春

24 読み書きのれんしゅう P.52

2
① 社
② 地図
③ 書
④ 走

1
① しゃ
② ち
③ し
④ そ

2
① 形
② 言
③ 谷
④ 作文

アドバイス
「谷」を「俗」とつくりまちがえないように注意しましょう。

23 読み書きのれんしゅう P.50

1
① たに
② げん
③ にい
④ へん

2
① 方角
② 汽
③ 遠足
④ 近

1
① ほう
② きし
③ ちか
④ しょ

22 読み書きのれんしゅう P.48

2
① 肉
② 米
③ 毎日
④ 何

1
① にく
② へい
③ なに
④ ごと

21 読み書きのれんしゅう P.46

2
① 国
② 知
③ 長
④ 道

1
① に
② ち
③ ちょう
④ しき

27 読み書きのれんしゅう P.58

2
① 里
② 画
③ 若
④ 東京

1
① さと
② と
③ きゃく
④ が

26 読み書きのれんしゅう P.56

2
① 体
② 美
③ 売
④ 買

1
① し
② せい
③ ば
④ ばい

25 読み書きのれんしゅう P.54

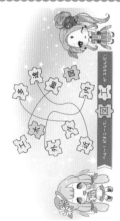

アドバイス
「通り」…○
「どおり」× 「とうり」

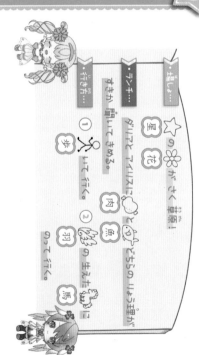

さがし…
ラッキー…
行方…

星 花 の○○がさく草原！

ハムスターと、どちらのりょう理が
どうぶつの生えた

肉 魚

羽 馬

すきか聞いてきめる。

① 歩いて行く。

② のって行く。

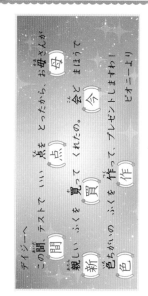

ディズニーへ
この間(間) テストで いい点(点)を とったから、お母(母)さんが
買(買)い ふくを 見って くれたの。
今(今) 会(会)と まほうと
プレゼントしますわ!
ピオニーより
新(新)しい ふくを 作(作)って、プレゼントしますわ!
色ちがいの ふくを 作って、プレゼントしますわ!(色)

111

49 かん字のふくしゅう④ P.101 P.102

1
① せ・がく
② ながい
③ こえ
④ にじ
⑤ あさ・おがわ
⑥ がり
⑦ こんにち(は)(にち)
⑧ よ
⑨ か
⑩ こ

2
① 白馬
② 馬
③ 門番
④ 番
⑤ 長い
⑥ 麦茶
⑦ 魚
⑧ 野菜
⑨ 鳴る
⑩ 食い

48 かん字のふくしゅう③ P.99 P.100

1
① ほし・よぞら
② せい・きしゃ
③ な
④ いい
⑤ もん
⑥ きせい
⑦ へいたい
⑧ へ
⑨ てつ
⑩ ん

2
① 楽しみ
② 絵
③ 歌う
④ 話し
⑤ 長ろ
⑥ 数え・数
⑦ 明らか
⑧ 数える
⑨ 答え・数
⑩ 計算

50 かん字のふくしゅう⑤ P.103 P.104

1
① とお
② ち・おか
③ じん・じん
④ せい
⑤ か・きん
⑥ いもうと・き
⑦ ちしつ・つし
⑧ たいし
⑨ あたま
⑩ やちん

2
① 晴れ・昼
② 親
③ 売り切れ
④ 日記
⑤ 地図・楽園
⑥ 直ち
⑦ 家・知
⑧ 高い
⑨ 組・歩へ
⑩ 会う・里